CDブック 群読

日本国憲法

国民の“権利の章典”としてとらえ返す

[憲法学・琉球大学教授]
監修：高良鉄美
脚本原案：毛利 豊
演出：堀口 始
秋田雨雀・土方与志記念
出演：青年劇場

JN303962

高文研

もくじ

装丁＝商業デザインセンター・松田 礼一
文中イラスト・伊藤 和子

本書で取り上げた条文の解説

憲法の各条文にこめられた意味

琉球大学法科大学院教授・憲法学　高良　鉄美

【前文】憲法は、国家権力が国策のために制定するのではなく、国民が人権を守るために制定するもので、国家権力に「枠」をはめるものなのです。日本国憲法前文の主語は、主権者である「国民」なのです。明治憲法前文には、戦争によってアジアへ侵略していく日本の歴史を示唆するような記述があります。このように前文は憲法制定の経緯や目的を定めるもので、国の行方に大きな影響を与えるわけですから、けっして疎《おろそ》かにできない重みを持っています。

前文には平和主義に関連する文言が多いことが特徴で、平和憲法と呼ばれる所以です。世界で唯一原爆投下を受けるなど特異な戦争体験に基づく平和への決意と世界への責任とを示すものといえます。

【第一章―天皇】第一章は国民主権原理と符合して考える必要があります。一条では国民が主権者であることに重きを置いており、明治憲法下の絶対天皇制に対する反省から、天皇はむしろ何らの国政上の権限を持たない「象徴」であることが確認されているといえます（四条も関連）。

【第二章―戦争の放棄】 九条は憲法の平和主義の性質を決める中心的因子です。性質の異なる因子によって九条が「改正」されれば、いわば憲法のＤＮＡが変わり、平和憲法とは似ても似つかぬものになってしまうといえます。

戦争放棄について、侵略戦争のみを放棄しているという解釈がありますが、一七九一年のフランス憲法にも侵略戦争放棄の規定がありました。沖縄戦や広島・長崎の原爆の被害をはじめ、悲惨な戦争体験の上に作られた憲法が、世界大戦の経験のない憲法と同じ観念で戦争を放棄していると解釈すべきなのでしょうか？

戦後の民間の憲法案には「平和思想」（憲法研究会案）や、「軍備を持たざる文化国家」（憲法懇談会案）という戦力不保持を明記したものがありました。日本の戦争体験から、九条は戦争等による「恐怖と欠乏から免れ、平和のうちに生存する権利」（前文）を保障しているといえます。

【第三章―国民の権利及び義務】 日本国憲法は、基本的人権という言葉を世界で初めて盛り込んだ憲法典であり、基本的人権を人が生まれながらに有する侵すことのできない永久の権利として位置づけています（十一条）。また、保持努力や濫用禁止を定めています（十二条）が、「濫《らん》」は、川などが氾濫するような意で、濫用禁止は各権利に内在する限度を超えてはならないこと意味します。

「公共の福祉」を単純に公益というふうに解すべきではなく、侵すことのできない権利同士が衝突した際の調整原理といえます。例えば、マスコミ報道により不正献金疑惑の政治家のプライバシーが明るみになった場合など、国民の政治的関心との関わりの度合いによっては、プライバシーが優先しないこともあります。

十三条の個人の尊重（尊厳）は、身勝手な利己主義を意味するのではなく、かつて臣民《しんみん》が戦争に動員され、いくらでも代わりがある道具や兵器として扱われたことから、国民が命の尊厳性を有する個人として尊重されることを意味しています。また「幸福追求に対する権利」は新しい人権（プライバシー、知る権利、環境権など）が問題になった場合、その根拠となり得るという重要な役割を有しています。九条と結びつけば、戦争派兵、軍事訓練等に明け暮れる人生ではなく、自己の人生を追求する権利を意味するといえます。

十四条は人種、信条、性別、社会的身分（親子、社会的地位など）または門地《もんち》（家柄、出身など）による差別を強く禁止していますが、もちろん、これら以外の差別問題に対しても解決の根拠を与えるものです。十四条に加え、二十四条は家庭内においても両性が平等であることを定めています。

十九条は、かつて国家権力が国民の思想に介入し、制裁や拷問《ごうもん》を加えてまでその思想の変更を強制してきたことを踏まえて、思想良心の自由を定めています。内心は絶対的に自由のはずですが、政治的、経済的、社会的な圧力を加えて、無理に意思を変えさせることは現在でも残る問題といえます。

二十条は、明治憲法下で国家が旗を振り、靖国神社を国教的地位に置いて、戦争へと走った日本の特異な歴史を顧みた上で、信教の自由を保障しています。さらにその保障をきちんと確保するために政治と宗教の分離をも定めています（政教分離）。

集会、結社、言論、出版など表現の自由（二十一条）は、人間が思想など内面的精神活動を外部に表す重要な権利です。明治憲法下で、集会禁止や出版検閲など表現活動が強く制限を受け、戦争への道に歯止めをかけられなかった歴史的反省も関係しています。

また、二十三条は短い条文ですが、意義は小さくありません。明治憲法には学問の自由の規定がなく、国家権力によって研究活動が制限されたり、特定の著書、論文などの出版が禁じられたり、講義科目まで変更を命じられたりしました。この経緯もあって、二十三条には大学の自治も含まれています。国民が学問研究により、国家権力を監視することは重要です。

二十五条から二十八条は明治憲法にはない社会権を定めています。二十五条の生存権規定に基づいて社会保障法制が整備されてきました。前出の民間の憲法研究会案の「国民は健康にして文化的水準の生活を営む権利を有す」という文言は二十五条と酷似しており、国民が戦争の爪痕が残る中で考えたことが憲法に活《い》かされているといえます。教育を受ける権利（二十六条）は、国に対して積極的実現を求める社会権の性格だけでなく、自ら学び不当な介入を排除する自由権の側面も持ちます。国定教科書による一方的な国家教育から、主体的な学習権を中心とした教育への制度変革は重要な意義があります。教育を受けさせる義務は、単に教育を受けさせれば良いのではなく、国民がきちんと教育に対する権利と責任を担っていることを意識すべきです。勤労の義務（二十七条）や納税の義務（三十条）も同様に、勤労者、納税者の権利と責任を持つべきです。

財産権の不可侵（二十九条）には、戦前の軍による土地家屋等の財産の強制徴用《ちょうよう》に対する反省があります。とくに沖縄の米軍基地には戦前の旧日本軍による強制接収から連続した土地使用もあり、財産権保障は歴史的に重要な意味を持っています。

三十一条以下は裁判を受ける権利や令状主義、黙秘権など刑事手続上の人権を保障しています。中でも三十一条は法定手続の保障を定め、明治憲法下において不当な逮捕や人権蹂躪《じゅうりん》が蔓延したことに対する反省を込めています。また、行政手続にも関係しており、行政の行為によって取返しのつかないことが起こらないようにする予防的役割も持っています。

【第四章―国会】法律は国民生活に関係する重要なルールだからこそ、国民の代表である国会が立法をするのです（四十一条）。また、行政に対する国政調査権（両議院に、六十二条）や裁判官に対する弾劾《だんがい》裁判権（六十四条）など国会が権力分立の下で総合調整する機能を持っているが故に「国権の最高機関」であるともいえます。

選挙制度は主権者の意思を反映する重要な仕組みですから、法律で定めるようになっています（四十四条）が、特定政党に有利な選挙法制を定めた場合は問題があるといえます。会議の公開（五十七条）は、国民に議論を公明正大に見せることによって主権者の「知る権利」に資するといえ、したがって傍聴に対する過度の規制も問題となります。

【第五章―内閣】明治憲法下の内閣は天皇の輔弼《ほひつ》（助言をする）機関にすぎず、不明確な位置づけでしたが、日本国憲法では内閣に行政権を属させ、責任の主体を明確にしています（六十五条）。また、明治憲法下で軍人である陸軍大臣、海軍大臣等が存在したのと異なり、大臣を文民（軍人でない者）に限定（六十六条）しています。

【第六章―司法】 明治憲法下では「天皇の名による裁判」でしたが、日本国憲法は裁判所が司法権の担い手であることを明確にしています（七十六条）。また、行政裁判所や軍事法廷など別の裁判所も存在した明治憲法下の制度を改め、最高裁判所の下の一元的な裁判所制度にしています。さらに、最高裁判所は法律などが憲法に違反していないかを審査する権限（違憲立法審査権）を持つ（八十一条）ことから、「憲法の番人」といわれます。したがって、最高裁判所裁判官の国民審査制（七十九条）は、司法権に対する民主的統制として、国民主権の観点から非常に重要です。

【第七章―財政】 憲法は、財政を国民の代表である国会のコントロールの下に置くという財政民主主義を採用しています。まず、財政権限の行使は国会の議決に基づくという大原則（八十三条）と租税の賦課《ふか》徴収は法律に基づかねばならないという租税法律主義（八十四条）を定め、さらに、公金は宗教上の組織等のために支出してはならない（八十九条）として、政教分離を財政面でも明確にしています。

【第八章―地方自治】 「地方自治」の文言は天皇中心の中央集権体制を採った明治憲法にはありませんでした。九十二条の「地方自治の本旨」とは、住民による住民のための自治（住民自治、つまり民主主義）と、自治は国ではなく、地方自治体自ら行うべきこと（団体自治、つまり地方分権）とを意味しています。この点を踏まえれば、地方はもっと憲法の保障する積極的な自治を展開すべきといえます。

また、国会を通過した法律であっても、一地方にのみ関係するものは、その地方の住民投票による同意がなければ、効力を持たないこと（九十五条）を定め、国家による一地方の支配を禁じています。これは、自治の観点から非常に重要なことです。

【第九章―改正、第十章―最高法規】 憲法改正（九十六条）の契機において、国策などではなく、国民がどうしても改正しなければ人権を守れないのかという視点は重要です。六十年ほど前まで、ものを言う自由さえない状態があったことを考えると、基本的人権の尊重を盛り込んだ日本国憲法成立の意味がいかに大きいか理解できます。基本的人権は、人類が長い歴史の中で抑圧と闘い、大変な努力と多くの犠牲の上に獲得してきたものです（九十七条）。この積み重ねによって二十一世紀の現在も基本的人権という人類の財産を受け継いでいるのです。

憲法の最高法規性（九十八条）は、国民の人権を保障する上で大きな意義を持ちます。最高裁判所が違憲立法審査権（八十一条）を行使して、立法権などの濫用による人権侵害から国民を守るための「人権保障の砦」となれるのもこの条項の存在があるからといえます。

憲法は、国民の人権を守り、国家権力を制限する法規範ですから、大臣、国会議員をはじめ、国家権力を担う者に憲法尊重擁護義務を課しています（九十九条）。ある意味ではそれらの者が窮屈を感じて憲法を変えようとする傾向があることに警鐘を鳴らしているといえます。九十九条には国民が含まれていませんが、その趣旨を踏まえれば、主権者国民に憲法の真の価値を認識するよう期待しているといえるでしょう。

群読
日本国憲法＝脚本

■読み手＝８人（もしくは８グループ）
■各条文の見出し（【　　　　　　　　】で表示）はＣＤでは読んでいない
■▽＝追いかけるように読む
■□＝同時に読む

1　日本国憲法【前文】　★CDトラック1

12345678　日本国民は、

234　正当に選挙された国会における代表者を通じて行動し、

567　われらとわれらの子孫のために、

8　諸国民との協和による成果と、

1　わが国全土にわたつて自由のもたらす恵沢《けいたく》を確保し、

5　▽自由のもたらす恵沢を

2　▽　自由のもたらす恵沢を

6　▽　　自由のもたらす恵沢を

256　確保し、

2　□政府の行為によつて再び戦争の惨禍《さんか》が

3　□政府の行為によつて再び戦争の惨禍が

4　□政府の行為によつて　　起ることのないやうにすることを

1　決意し、

5　ここに

5678　ここに

6　主権が国民に存《そん》することを

7　▽主権が国民に存することを

8　▽　国民に存することを　主権が

5　▽　主権が国民に存することを

678　宣言し、

1234　この憲法を

12345678　確定する。

1　そもそも国政は、国民の厳粛《げんしゆく》な信託によるものであつて、

12　その権威は国民に由来《ゆらい》し、

123　その権力は国民の代表者がこれを行使し、

1234　その福利は国民がこれを享受《きようじゆ》する。

1　これは人類普遍の原理であり、この憲法は、かかる原理に基くものである。

1234　われらは、これに反する一切の憲法、法令及び詔勅《しようちよく》を排除する。

5678　日本国民は、

5 6　恒久の平和を念願し、

7 8　人間相互の関係を支配する崇高《すうこう》な理想を深く自覚するのであつて、

5　平和を愛する諸国民の公正と

5 6　信義に信頼して、

7　▽諸国民の公正と　　　　　信義に信頼して、

8　▽　　諸国民の公正と　　　信義に信頼して、

5　▽　　　　諸国民の公正と　信義に信頼して、

6 7 8　われらの安全と生存を保持しようと決意した。

1 2　われらは、平和を維持し、

3　専制と隷従《れいじゆう》、

4　圧迫と偏狭《へんきよう》を

5 6 7 8　地上から永遠に除去しようと努めてゐる国際社会において、

5 6　▽専制と隷従を、専制と隷従を、専制と隷従を

7 8　▽　　圧迫と偏狭を、圧迫と偏狭を、圧迫と偏狭を

5 6 7 8　地上から永遠に除去しようと努めてゐる国際社会において、

12345678 名誉ある地位を占めたいと思ふ。

23 ▽名誉ある地位を占めたいと　思ふ。

456 ▽　名誉ある地位を占めたいと　思ふ。

178 ▽　名誉ある地位を占めたいと　思ふ。

567 われらは、

5 全世界の国民が、

567 ひとしく恐怖と欠乏から免《まぬ》かれ、

5678 平和のうちに生存する権利を有することを確認する。

123 われらは、

12 いづれの国家も、自国のことのみに専念して他国を無視してはならないのであ

つて、

34 政治道徳の法則は、普遍的なものであり、この法則に従ふことは、

1 自国の主権を維持し、

234 他国と対等関係に立たうとする各国の責務であると信ずる。

1234 責務であると信ずる。

3478 日本国民は、

1 国家の名誉にかけ、

2 全力をあげてこの崇高な理想と目的を達成することを誓ふ。

78 誓ふ。

3456 誓ふ。

1 **第一条【天皇の地位、国民主権】** ★CDトラック3

2 天皇は、日本国の象徴であり日本国民統合の象徴であつて、

3 この地位は、主権の存する日本国民の総意に基く。

5 **第四条【天皇の権能の限界、天皇の国事行為の委任】** ★CDトラック4

6 天皇は、この憲法の定める国事に関する行為のみを行ひ、

7 国政に関する権能《けんのう》を有しない。

5678 国政に関する権能を有しない。

3　第九条【戦争放棄、軍備及び交戦権の否認】　★CDトラック5

6 8　日本国民は、

1　正義と秩序を基調とする国際平和を誠実に希求《ききゅう》し、

2　国権の発動たる戦争と、武力による威嚇《いかく》又は武力の行使は、

5　▽武力による威嚇又は武力の行使は、

6　▽　武力による威嚇又は武力の行使は、

7　▽　武力による威嚇又は武力の行使は、

3　国際紛争を解決する手段としては、永久にこれを放棄する。

1 2 3 4　永久にこれを放棄する。

5　前項の目的を達するため、

6　陸

6 7　海

6 7 8　空軍

5 6 7 8　その他の戦力は、これを保持しない。

8　これを保持しない。

7　国の交戦権は、これを認めない。

5678　これを認めない。

1　**第十一条【基本的人権の享有と性質】**　★ＣＤトラック６

2　国民は、すべての基本的人権の享有《きょうゆう》を妨げられない。

3　この憲法が国民に保障する基本的人権は、

4　侵すことのできない永久の権利として、

5　▽侵すことのできない永久の権利として、

6　▽　　　侵すことのできない永久の権利として、

7　▽　　　　　　侵すことのできない永久の権利として、

8　現在及び将来の国民に与へられる。

2456　現在及び将来の国民に与へられる。

2 第十二条【自由・権利の保持義務、濫用の禁止、利用の責任】 ★ＣＤトラック７

1 この憲法が国民に保障する自由及び権利は、

3 国民の不断の努力によつて、

4 これを保持しなければならない。

1 又、国民は、これを濫用《らんよう》してはならないのであつて、

1 2 常に公共の福祉のためにこれを利用する責任を負ふ。

5 第十三条【個人の尊重、生命・自由・幸福追求の権利の尊重】 ★ＣＤトラック８

6 すべて国民は、個人として尊重される。

6 7 すべて国民は、個人として尊重される。

8 生命、自由及び幸福追求に対する国民の権利については、公共の福祉に反しない限り、

5 6 立法その他の国政の上で、最大の尊重を必要とする。

1 **第十四条【法の下の平等、貴族制度の否認、栄典の限界】** ★CDトラック9

2 すべて国民は、法の下《もと》に平等であつて、

3 人種、

34 信条、性別、

134 社会的身分

1234 又は門地《もんち》により、

1 政治的、

12 経済的

34 又は社会的関係において、

2 差別されない。

234 差別されない。

1 華族その他の貴族の制度は、これを認めない。

2 栄誉、勲章その他の栄典《えいてん》の授与は、いかなる特権も伴はない。

3 栄典の授与は、現にこれを有し、又は将来これを受ける者の一代に限り、

4 その効力を有する。

5 第十五条【公務員の選定罷免権、公務員の性質、普通選挙と秘密投票の保障】

6 公務員を選定し、及びこれを罷免《ひめん》することは、国民固有の権利である。

7 すべて公務員は、全体の奉仕者であつて、一部の奉仕者ではない。

8 公務員の選挙については、成年者による普通選挙を保障する。

5 すべて選挙における投票の秘密は、これを侵してはならない。

6 選挙人は、その選択に関し公的にも私的にも責任を問はれない。

7 第十六条【請願権】 ★CDトラック11

5 8 何人《なんぴと》も、

6 損害の救済、

6 7 公務員の罷免、

6 7 8 法律、命令又は規則の制定、

6 廃止又は改正その他の事項に関し、平穏に請願する権利を有し、

7 かかる請願をしたためにいかなる差別待遇も受けない。

5 6 8 いかなる差別待遇も受けない。

3　**第十七条【国及び公共団体の賠償責任】**　★CDトラック12

1 2　何人も、

4　公務員の不法行為により、損害を受けたときは、法律の定めるところにより、

3 4　国又は公共団体に、その賠償を求めることができる。

4　**第十八条【奴隷的拘束及び苦役からの自由】**　★CDトラック13

1 2　何人も、

3　いかなる奴隷《どれい》的拘束も受けない。

1 2 3 4　いかなる奴隷的拘束も受けない。

2　又、犯罪に因《よ》る処罰の場合を除いては、その意に反する苦役《くえき》に服させられない。

5　**第十九条【思想及び良心の自由】**　★CDトラック14

1　思想及び良心の自由は、これを侵してはならない。

6 第二十条【信教の自由、国の宗教活動の禁止】 ★CDトラック15

2 信教の自由は、何人に対してもこれを保障する。

3 いかなる宗教団体も、国から特権を受け、又は政治上の権力を行使してはならない。

78 何人も、

4 宗教上の行為、祝典、儀式

78 又は行事に参加することを強制されない。

56 国及びその機関は、

1 宗教教育その他いかなる宗教的活動もしてはならない。

7 第二十一条【集会・結社・表現の自由、検閲の禁止、通信の秘密】

8 集会、

5 結社及び言論、

6 出版その他一切《いっさい》の表現の自由は、

7 8 これを保障する。

5 検閲は、

6 これをしてはならない。

7 通信の秘密は、

8 これを侵してはならない。

1 第二十二条【居住・移転・職業選択の自由、外国移住・国籍離脱の自由】

4 5 何人も、

2 公共の福祉に反しない限り、

6 居住、移転及び職業選択の自由を有する。

3 4 何人も、

7 8 外国に移住し、

1 2 又は国籍を離脱する自由を侵されない。

2 第二十三条【学問の自由】 ★CDトラック18

3 学問の自由は、これを保障する。

4 ▽学問の自由は、

1 ▽　学問の自由は、

2 ▽　　学問の自由は、

3 4 これを保障する。

5　第二十四条【家族生活における個人の尊厳と両性の平等】　★CDトラック19

6　婚姻は、両性の合意のみに基いて成立し、

7　夫婦が同等の権利を有することを基本として、

8　相互の協力により、維持されなければならない。

5　配偶者の選択、財産権、相続、住居の選定、

6　離婚並びに婚姻及び家族に関するその他の事項に関しては、

7　法律は、個人の尊厳と

8　両性の本質的平等に立脚して、制定されなければならない。

3 第二十五条【生存権、国の生存権保障義務】 ★ＣＤトラック20

45 すべて国民は、

1 健康で

12 文化的な

1256 最低限度の生活を営む権利を有する。

3478 国は、すべての生活部面《ぶめん》について、

1 社会福祉、

15 社会保障

26 及び公衆衛生の向上

1256 及び増進に努めなければならない。

4 第二十六条【教育を受ける権利、教育の義務、義務教育の無償】

1 すべて国民は、法律の定めるところにより、

1 2 その能力に応じて、ひとしく教育を受ける権利を有する。

1 2 3 4 ひとしく教育を受ける権利を有する。

1 すべて国民は、

2 法律の定めるところにより、

3 その保護する子女に

1 2 3 4 普通教育を受けさせる義務を負ふ。

4 義務教育は、これを無償とする。

5 第二十七条【労働の権利・義務、労働条件の基準、児童酷使の禁止】

6 すべて国民は、
7 8 勤労の権利を有し、義務を負ふ。
5 賃金、就業時間、
6 7 休息その他の勤労条件に関する基準は、法律でこれを定める。
8 児童は、これを酷使《こくし》してはならない。

1 第二十八条【労働者の団結権・団体交渉権その他団体行動権】★CDトラック23

2 勤労者の団結する権利及び団体交渉
5 その他の団体行動をする権利は、これを保障する。
3 4 6 7 勤労者の団結する権利及び団体交渉その他の団体行動をする権利は、
8 これを保障する。

2　**第二十九条【財産権の保障】**　★CDトラック24

3　財産権は、これを侵してはならない。

567　財産権の内容は、公共の福祉に適合するやうに、法律でこれを定める。

8　**第三十条【納税の義務】**　★CDトラック25

56　国民は、

4　法律の定めるところにより、

56　納税の義務を負ふ。

3　**第三十一条【法定手続の保障】**　★CDトラック26

1　何人《なんぴと》も、法律の定める手続によらなければ、

2　その生命若しくは自由を奪はれ、

4　又はその他の刑罰を科せられない。

2　**第三十二条【裁判を受ける権利】**　★CDトラック27

3　何人も、裁判所において裁判を受ける権利を奪はれない。

5 第三十三条【逮捕に対する保障】 ★CDトラック28

6 何人も、
7 現行犯として逮捕される場合を除いては、
8 権限を有する司法官憲が発し、且《か》つ理由となつてゐる犯罪を明示する令状によらなければ、逮捕されない。

6 第三十四条【抑留・拘禁に対する保障】 ★CDトラック29

5 何人も、理由を直《ただ》ちに告げられ、且つ、直ちに弁護人に依頼する権利を与へられなければ、抑留又は拘禁されない。
7 又、何人も、正当な理由がなければ、拘禁されず、要求があれば、その理由は、
8 直ちに本人及びその弁護人の出席する公開の法廷で示されなければならない。

1 第三十五条【住居侵入・捜索・押収に対する保障】　★CDトラック30

2 何人も、その住居、書類及び所持品について、

5 侵入、捜索及び押収を受けることのない権利は、

6 第三十三条の場合を除いては、正当な理由に基いて発せられ、

3 且つ捜索する場所及び押収する物を明示する令状がなければ、

1278 侵されない。

4 捜索又は押収は、権限を有する司法官憲が発する各別《かくべつ》の令状により、これを行ふ。

5 第三十六条【拷問及び残虐な刑罰の禁止】 ★CDトラック31

1 公務員による拷問《ごうもん》及び残虐《ざんぎゃく》な刑罰は、絶対にこれを禁ずる。

6 第三十七条【刑事被告人の諸権利】 ★CDトラック32

2 すべて刑事事件においては、被告人は、

2 3 公平な裁判所の迅速な公開裁判を受ける権利を有する。

7 刑事被告人は、

7 8 すべての証人に対して審問《しんもん》する機会を充分に与へられ、又、公費で自己のために強制的手続により証人を求める権利を有する。

5 刑事被告人は、いかなる場合にも、資格を有する弁護人を依頼することができる。

1 被告人が自らこれを依頼することができないときは、国でこれを附する。

4　**第三十八条【不利益な供述の強要禁止、自白の証拠能力】**　★CDトラック33

2　何人も、自己に不利益な供述を強要されない。

3　強制、拷問若《も》しくは脅迫による自白又は不当に長く抑留若しくは拘禁された後
の自白は、

4　これを証拠とすることができない。

1　何人も、自己に不利益な唯一の証拠が本人の自白である場合には、

2 3　有罪とされ、又は刑罰を科せられない。

8　**第三十九条【刑罰法規の不遡及、二重刑罰の禁止】**　★CDトラック34

5　何人も、実行の時に適法であつた行為又は既に無罪とされた行為については、

6　刑事上の責任を問はれない。

7　又、同一の犯罪について、重ねて刑事上の責任を問はれない。

6 第四十条【刑事補償】 ★CDトラック35

8 何人も、抑留又は拘禁された後、
5 無罪の裁判を受けたときは、
6 法律の定めるところにより、
6 7 国にその補償を求めることができる。

1 第四十一条【国会の地位、立法権】 ★CDトラック36

2 国会は、国権の最高機関であつて、国の唯一の立法機関である。

3 第四十四条【議員及び選挙人の資格】 ★CDトラック37

4 両議院の議員及びその選挙人の資格は、法律でこれを定める。
1 但し、人種、信条、性別、社会的身分、
2 門地《もんち》、教育、財産又は収入によつて
2 3 4 差別してはならない。

5　**第五十七条【会議の公開、秘密会、会議録】**　★CDトラック38

6　両議院の会議は、公開とする。

7　但し、出席議員の三分の二以上の多数で議決したときは、秘密会を開くことができる。

8　両議院は、各々その会議の記録を保存し、

5　秘密会の記録の中で特に秘密を要すると認められるもの以外は、

6　これを公表し、且つ一般に頒布《はんぷ》しなければならない。

7　出席議員の五分の一以上の要求があれば、

78　各議員の表決は、これを会議録に記載しなければならない。

2　**第六十二条【議院の国政調査権】**　★CDトラック39

5　両議院は、各々国政に関する調査を行ひ、

3　これに関して、証人の出頭及び証言並びに記録の提出を要求することができる。

367　証人の出頭及び証言並びに記録の提出を要求することができる。

8 第六十五条【行政権と内閣】 ★CDトラック40

4 行政権は、内閣に属する。

1 第六十六条【内閣の組織】 ★CDトラック41

5 内閣は、法律の定めるところにより、その首長《しゅちょう》たる内閣総理大臣

2 及びその他の国務大臣でこれを組織する。

6 内閣総理大臣その他の国務大臣は、文民《ぶんみん》でなければならない。

3 4 5 文民でなければならない。

1 内閣は、行政権の行使について、

7 8 国会に対し連帯して責任を負ふ。

2 第六十九条【衆議院の内閣不信任】 ★CDトラック42

3 内閣は、衆議院で不信任の決議案を可決し、

4 又は信任の決議案を否決したときは、

1 十日以内に衆議院が解散されない限り、

2 総辞職をしなければならない。

3　第七十六条【司法権、裁判所、特別裁判所の禁止、裁判官の独立】

4　すべて司法権は、

1　最高裁判所

2　及び法律の定めるところにより設置する下級裁判所に属する。

3　特別裁判所は、これを設置することができない。

4　行政機関は、終審として裁判を行ふことができない。

1 2　すべて裁判官は、

3　その良心に従ひ

4　独立してその職権を行ひ、

1 2 4　この憲法及び法律にのみ拘束される。

6 7 8　すべて裁判官は、その良心に従ひ独立してその職権を行ひ、

1 2 4　この憲法及び法律にのみ拘束される。

8 第八十三条【財政処理の権限】 ★CDトラック44

5 国の財政を処理する権限は、国会の議決に基いて、これを行使しなければならない。

8 第八十四条【課税の要件】 ★CDトラック45

6 あらたに租税を課し、又は現行の租税を変更するには、
7 法律又は法律の定める条件によることを必要とする。

8 第八十九条【公の財産の支出利用の制限】 ★CDトラック46

5 公金その他の公《おおやけ》の財産は、
6 宗教上の組織若しくは団体の使用、
7 便益《べんえき》若しくは維持のため、
8 又は公の支配に属しない慈善、
56 教育若しくは博愛の事業に対し、
5678 これを支出し、又はその利用に供してはならない。

4　**第九十二条【地方自治の基本原則】**　★CDトラック47

1　地方公共団体の組織及び運営に関する事項は、

1 2　地方自治の本旨《ほんし》に基いて、

2　法律でこれを定める。

4　**第九十五条【特別法の住民投票】**　★CDトラック48

3　一《いち》の地方公共団体のみに適用される特別法は、

4　法律の定めるところにより、

1　その地方公共団体の住民の投票においてその過半数の同意を得なければ、

2　国会は、これを制定することができない。

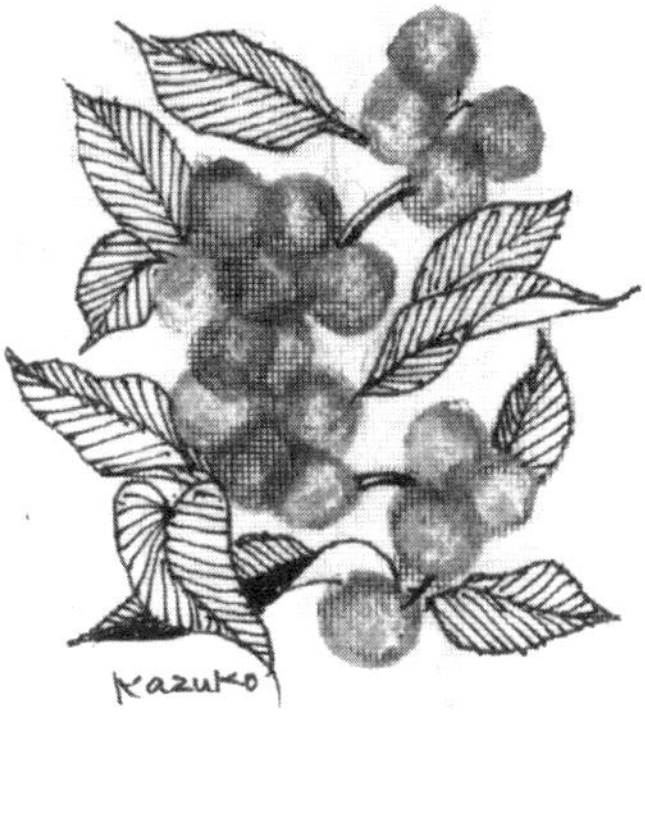

6 第九十六条【憲法改正の手続】 ★CDトラック49

3 この憲法の改正は、

4 各議院の総議員の三分の二以上の賛成で、

1 国会が、これを発議《はつぎ》し、

12 国民に提案してその承認を経なければならない。

123 国民に提案してその承認を経なければならない。

5 この承認には、特別の国民投票

6 又は国会の定める選挙の際行はれる投票において、

7 その過半数の賛成を必要とする。

78 その過半数の賛成を必要とする。

1 憲法改正について前項の承認を経たときは、

2 天皇は、国民の名で、この憲法と一体を成すものとして、

3 直ちにこれを公布する。

4　**第九十七条【基本的人権の本質】**　★CDトラック50

1　この憲法が日本国民に保障する基本的人権は、

2　人類の多年にわたる自由獲得の努力の成果であつて、

3　これらの権利は、過去幾多の試錬に堪へ、

4　現在及び将来の国民に対し、

1　侵すことのできない永久の権利として信託されたものである。

2367　侵すことのできない永久の権利として信託されたものである。

8　**第九十八条【憲法の最高法規性、条約・国際法規の遵守】**　★CDトラック51

5　この憲法は、国の最高法規であつて、

6　その条規に反する法律、命令、詔勅《しょうちょく》

67　及び国務に関するその他の行為の全部又は一部は、

78　その効力を有しない。

5678　その効力を有しない。

1 第九十九条【憲法尊重擁護の義務】

★CDトラック52

2 天皇又は摂政

23 及び国務大臣、国会議員、

234 裁判官その他の公務員は、

5678 この憲法を尊重し擁護する義務を負ふ。

12345678 この憲法を尊重し擁護する義務を負ふ。

日本国憲法

日本国憲法

日本国民は、正当に選挙された国会における代表者を通じて行動し、われらとわれらの子孫のために、諸国民との協和による成果と、わが国全土にわたつて自由のもたらす恵沢を確保し、政府の行為によつて再び戦争の惨禍が起ることのないやうにすることを決意し、ここに主権が国民に存することを宣言し、この憲法を確定する。そもそも国政は、国民の厳粛な信託によるものであつて、その権威は国民に由来し、その権力は国民の代表者がこれを行使し、その福利は国民がこれを享受する。これは人類普遍の原理であり、この憲法は、かかる原理に基くものである。われらは、これに反する一切の憲法、法令及び詔勅を排除する。

日本国民は、恒久の平和を念願し、人間相互の関係を支配する崇高な理想を深く自覚するのであつて、平和を愛する諸国民の公正と信義に信頼して、われらの安全と生存を保持しようと決意した。われらは、平和を維持し、専制と隷従、圧迫と偏狭を地上から永遠に除去しようと努めてゐる国際社会において、名誉ある地位を占めたいと思ふ。われらは、全世界の国民が、ひとしく恐怖と欠乏から免かれ、平和のうちに生存する権利を有することを確認する。

われらは、いづれの国家も、自国のことのみに専念して他国を無視してはならないのであつて、政治道徳の法則は、普遍的なものであり、この法則に従ふことは、自国の主権を維持し、他国と対等関係に立たうとする各国の責務であると信ずる。

日本国民は、国家の名誉にかけ、全力をあげてこの崇高な理想と目的を達成することを誓ふ。

第一章　天皇

第一条【天皇の地位、国民主権】
天皇は、日本国の象徴であり日本国民統合の象徴であつて、この地位は、主権の存する日本国民の総意に基く。

第二条【皇位の継承】
皇位は、世襲のものであつて、国会の議決した皇室典範の定めるところにより、これを継承する。

第三条【天皇の国事行為と内閣の責任】
天皇の国事に関するすべての行為には、内閣の助言と承認を必要とし、内閣が、その責任を負ふ。

第四条【天皇の権能の限界、天皇の国事行為の委任】

①天皇は、この憲法の定める国事に関する行為のみを行ひ、国政に関する権能を有しない。

②天皇は、法律の定めるところにより、その国事に関する行為を委任することができる。

第五条【摂政】

皇室典範の定めるところにより摂政を置くときは、摂政は、天皇の名でその国事に関する行為を行ふ。この場合には、前条第一項の規定を準用する。

第六条【天皇の任命権】

①天皇は、国会の指名に基いて、内閣総理大臣を任命する。

②天皇は、内閣の指名に基いて、最高裁判所の長たる裁判官を任命する。

第七条【天皇の国事行為】

天皇は、内閣の助言と承認により、国民のために、左の国事に関する行為を行ふ。

1憲法改正、法律、政令及び条約を公布すること。

2国会を召集すること。

3衆議院を解散すること。

4国会議員の総選挙の施行を公示すること。

5国務大臣及び法律の定めるその他の官吏の任免並びに全権委任状及び大使及び公使の信任状を認証すること。

6大赦、特赦、減刑、刑の執行の免除及び復権を認証すること。

7栄典を授与すること。

8批准書及び法律の定めるその他の外交文書を認証すること。

9外国の大使及び公使を接受すること。

10儀式を行ふこと。

第八条【皇室の財産授受の制限】

皇室に財産を譲り渡し、又は皇室が、財産を譲り受け、若しくは賜与することは、国会の議決に基かなければならない。

第二章　戦争の放棄

第九条【戦争放棄、軍備及び交戦権の否認】

①日本国民は、正義と秩序を基調とする国際平和を誠実に希求し、国権の発動たる戦争と、武力による威嚇又は武力の行使は、国際紛争を解決する手段としては、永久にこ

れを放棄する。

②前項の目的を達するため、陸海空軍その他の戦力は、これを保持しない。国の交戦権は、これを認めない。

第三章　国民の権利及び義務

第十条【日本国民の要件】

日本国民たる要件は、法律でこれを定める。

第十一条【基本的人権の享有と性質】

国民は、すべての基本的人権の享有を妨げられない。この憲法が国民に保障する基本的人権は、侵すことのできない永久の権利として、現在及び将来の国民に与へられる。

第十二条【自由・権利の保持義務、濫用の禁止、利用の責任】

この憲法が国民に保障する自由及び権利は、国民の不断の努力によつて、これを保持しなければならない。又、国民は、これを濫用してはならないのであつて、常に公共の福祉のためにこれを利用する責任を負ふ。

第十三条【個人の尊重、生命・自由・幸福追求の権利の尊重】

すべて国民は、個人として尊重される。生命、自由及び幸福追求に対する国民の権利については、公共の福祉に反しない限り、立法その他の国政の上で、最大の尊重を必要とする。

第十四条【法の下の平等、貴族制度の否認、栄典の限界】

①すべて国民は、法の下に平等であつて、人種、信条、性別、社会的身分又は門地により、政治的、経済的又は社会的関係において、差別されない。

②華族その他の貴族の制度は、これを認めない。

③栄誉、勲章その他の栄典の授与は、いかなる特権も伴はない。栄典の授与は、現にこれを有し、又は将来これを受ける者の一代に限り、その効力を有する。

第十五条【公務員の選定罷免権、公務員の性質、普通選挙と秘密投票の保障】

①公務員を選定し、及びこれを罷免することは、国民固有の権利である。

②すべて公務員は、全体の奉仕者であつて、一部の奉仕者ではない。

③公務員の選挙については、成年者による普通選挙を保障する。

④すべて選挙における投票の秘密は、これを侵してはならない。選挙人は、その選択に関し公的にも私的にも責任を問はれない。

第十六条【請願権】

何人も、損害の救済、公務員の罷免、法律、命令又は規則の制定、廃止又は改正その他の事項に関し、平穏に請願する権利を有し、何人も、かかる請願をしたためにいかなる差別待遇も受けない。

第十七条【国及び公共団体の賠償責任】

何人も、公務員の不法行為により、損害を受けたときは、法律の定めるところにより、国又は公共団体に、その賠償を求めることができる。

第十八条【奴隷的拘束及び苦役からの自由】

何人も、いかなる奴隷的拘束も受けない。又、犯罪に因る処罰の場合を除いては、その意に反する苦役に服させられない。

第十九条【思想及び良心の自由】

思想及び良心の自由は、これを侵してはならない。

第二十条【信教の自由、国の宗教活動の禁止】

①信教の自由は、何人に対してもこれを保障する。いかなる宗教団体も、国から特権を受け、又は政治上の権力を行使してはならない。

②何人も、宗教上の行為、祝典、儀式又は行事に参加することを強制されない。

③国及びその機関は、宗教教育その他いかなる宗教的活動もしてはならない。

第二十一条【集会・結社・表現の自由、検閲の禁止、通信の秘密】

①集会、結社及び言論、出版その他一切の表現の自由は、これを保障する。

②検閲は、これをしてはならない。通信の秘密は、これを侵してはならない。

第二十二条【居住・移転・職業選択の自由、外国移住・国籍離脱の自由】

①何人も、公共の福祉に反しない限り、居住、移転及び職業選択の自由を有する。

②何人も、外国に移住し、又は国籍を離脱する自由を侵

されない。

第二十三条【学問の自由】

学問の自由は、これを保障する。

第二十四条【家族生活における個人の尊厳と両性の平等】

①婚姻は、両性の合意のみに基いて成立し、夫婦が同等の権利を有することを基本として、相互の協力により、維持されなければならない。

②配偶者の選択、財産権、相続、住居の選定、離婚並びに婚姻及び家族に関するその他の事項に関しては、法律は、個人の尊厳と両性の本質的平等に立脚して、制定されなければならない。

第二十五条【生存権、国の生存権保障義務】

①すべて国民は、健康で文化的な最低限度の生活を営む権利を有する。

②国は、すべての生活部面について、社会福祉、社会保障及び公衆衛生の向上及び増進に努めなければならない。

第二十六条【教育を受ける権利、教育の義務、義務教育の無償】

①すべて国民は、法律の定めるところにより、その能力に応じて、ひとしく教育を受ける権利を有する。

②すべて国民は、法律の定めるところにより、その保護する子女に普通教育を受けさせる義務を負ふ。義務教育は、これを無償とする。

第二十七条【労働の権利・義務、労働条件の基準、児童酷使の禁止】

①すべて国民は、勤労の権利を有し、義務を負ふ。

②賃金、就業時間、休息その他の勤労条件に関する基準は、法律でこれを定める。

③児童は、これを酷使してはならない。

第二十八条【労働者の団結権・団体交渉権その他団体行動権】

勤労者の団結する権利及び団体交渉その他の団体行動をする権利は、これを保障する。

第二十九条【財産権の保障】

①財産権は、これを侵してはならない。

②財産権の内容は、公共の福祉に適合するやうに、法律でこれを定める。

③私有財産は、正当な補償の下に、これを公共のために用ひることができる。

第三十条【納税の義務】
国民は、法律の定めるところにより、納税の義務を負ふ。

第三十一条【法定手続の保障】
何人も、法律の定める手続によらなければ、その生命若しくは自由を奪はれ、又はその他の刑罰を科せられない。

第三十二条【裁判を受ける権利】
何人も、裁判所において裁判を受ける権利を奪はれない。

第三十三条【逮捕に対する保障】
何人も、現行犯として逮捕される場合を除いては、権限を有する司法官憲が発し、且つ理由となつてゐる犯罪を明示する令状によらなければ、逮捕されない。

第三十四条【抑留・拘禁に対する保障】
何人も、理由を直ちに告げられ、且つ、直ちに弁護人に依頼する権利を与へられなければ、抑留又は拘禁されない。又、何人も、正当な理由がなければ、拘禁されず、要求があれば、その理由は、直ちに本人及びその弁護人の出席する公開の法廷で示されなければならない。

第三十五条【住居侵入・捜索・押収に対する保障】
①何人も、その住居、書類及び所持品について、侵入、捜索及び押収を受けることのない権利は、第三十三条の場合を除いては、正当な理由に基いて発せられ、且つ捜索する場所及び押収する物を明示する令状がなければ、侵されない。
②捜索又は押収は、権限を有する司法官憲が発する各別の令状により、これを行ふ。

第三十六条【拷問及び残虐な刑罰の禁止】
公務員による拷問及び残虐な刑罰は、絶対にこれを禁ずる。

第三十七条【刑事被告人の諸権利】
①すべて刑事事件においては、被告人は、公平な裁判所の迅速な公開裁判を受ける権利を有する。
②刑事被告人は、すべての証人に対して審問する機会を充分に与へられ、又、公費で自己のために強制的手続により証人を求める権利を有する。

③刑事被告人は、いかなる場合にも、資格を有する弁護人を依頼することができる。被告人が自らこれを依頼することができないときは、国でこれを附する。

第三十八条【不利益な供述の強要禁止、自白の証拠能力】
①何人も、自己に不利益な供述を強要されない。
②強制、拷問若しくは脅迫による自白又は不当に長く抑留若しくは拘禁された後の自白は、これを証拠とすることができない。
③何人も、自己に不利益な唯一の証拠が本人の自白である場合には、有罪とされ、又は刑罰を科せられない。

第三十九条【刑罰法規の不遡及、二重刑罰の禁止】
何人も、実行の時に適法であつた行為又は既に無罪とされた行為については、刑事上の責任を問はれない。又、同一の犯罪について、重ねて刑事上の責任を問はれない。

第四十条【刑事補償】
何人も、抑留又は拘禁された後、無罪の裁判を受けたときは、法律の定めるところにより、国にその補償を求めることができる。

第四章　国会

第四十一条【国会の地位、立法権】
国会は、国権の最高機関であつて、国の唯一の立法機関である。

第四十二条【両院制】
国会は、衆議院及び参議院の両議院でこれを構成する。

第四十三条【両議院の組織】
①両議院は、全国民を代表する選挙された議員でこれを組織する。
②両議院の議員の定数は、法律でこれを定める。

第四十四条【議員及び選挙人の資格】
両議院の議員及びその選挙人の資格は、法律でこれを定める。但し、人種、信条、性別、社会的身分、門地、教育、財産又は収入によつて差別してはならない。

第四十五条【衆議院議員の任期】
衆議院議員の任期は、四年とする。但し、衆議院解散の場合には、その期間満了前に終了する。

第四十六条【参議院議員の任期】
参議院議員の任期は、六年とし、三年ごとに、議員の半数を改選する。

第四十七条【選挙に関する事項の法定】
選挙区、投票の方法その他両議院の議員の選挙に関する事項は、法律でこれを定める。

第四十八条【両議院議員兼職禁止】
何人も、同時に両議院の議員たることはできない。

第四十九条【議員の歳費】
両議院の議員は、法律の定めるところにより、国庫から相当額の歳費を受ける。

第五十条【議員の不逮捕特権】
両議院の議員は、法律の定める場合を除いては、国会の会期中逮捕されず、会期前に逮捕された議員は、その議院の要求があれば、会期中これを釈放しなければならない。

第五十一条【議員の発言・表決の無責任】
両議院の議員は、議院で行つた演説、討論又は表決について、院外で責任を問はれない。

第五十二条【常会】
国会の常会は、毎年一回これを召集する。

第五十三条【臨時会】
内閣は、国会の臨時会の召集を決定することができる。いづれかの議院の総議員の四分の一以上の要求があれば、内閣は、その召集を決定しなければならない。

第五十四条【衆議院の解散、特別会、参議院の緊急集会】
①衆議院が解散されたときは、解散の日から四十日以内に、衆議院議員の総選挙を行ひ、その選挙の日から三十日以内に、国会を召集しなければならない。
②衆議院が解散されたときは、参議院は、同時に閉会となる。但し、内閣は、国に緊急の必要があるときは、参議院の緊急集会を求めることができる。
③前項但書の緊急集会において採られた措置は、臨時のものであつて、次の国会開会の後十日以内に、衆議院の同意がない場合には、その効力を失ふ。

第五十五条【議員の資格争訟】
両議院は、各々その議員の資格に関する争訟を裁判する。但し、議員の議席を失はせるには、出席議員の三分の二以上の多数による議決を必要とする。

第五十六条【定足数・表決】
①両議院は、各々その総議員の三分の一以上の出席がなければ、議事を開き議決することができない。
②両議員の議事は、この憲法に特別の定のある場合を除いては、出席議員の過半数でこれを決し、可否同数のときは、議長の決するところによる。

第五十七条【会議の公開、秘密会、会議録】
①両議院の会議は、公開とする。但し、出席議員の三分の二以上の多数で議決したときは、秘密会を開くことができる。
②両議院は、各々その会議の記録を保存し、秘密会の記録の中で特に秘密を要すると認められるもの以外は、これを公表し、且つ一般に頒布しなければならない。
③出席議員の五分の一以上の要求があれば、各議員の表決は、これを会議録に記載しなければならない。

第五十八条【役員の選任、議院規則、懲罰】
①両議院は、各々その議長その他の役員を選任する。
②両議院は、各々その会議その他の手続及び内部の規律に関する規則を定め、又、院内の秩序をみだした議員を懲罰することができる。但し、議員を除名するには、出席議員の三分の二以上の多数による議決を必要とする。

第五十九条【法律案の議決、衆議院の優越】
①法律案は、この憲法に特別の定のある場合を除いては、両議院で可決したとき法律となる。
②衆議院で可決し、参議院でこれと異なつた議決をした法律案は、衆議院で出席議員の三分の二以上の多数で再び可決したときは、法律となる。
③前項の規定は、法律の定めるところにより、衆議院が、両議院の協議会を開くことを妨げない。
④参議院が、衆議院の可決した法律案を受け取つた後、国会休会中の期間を除いて六十日以内に、議決しないときは、衆議院は、参議院がその法律案を否決したものとみなすことができる。

第六十条【衆議院の予算先議と優越】
①予算は、さきに衆議院に提出しなければならない。

②予算について、参議院で衆議院と異なつた議決をした場合に、法律の定めるところにより、両議院の協議会を開いても意見が一致しないとき、又は参議院が、衆議院の可決した予算を受け取つた後、国会休会中の期間を除いて三十日以内に、議決しないときは、衆議院の議決を国会の議決とする。

第六十一条【条約の国会承認と衆議院の優越】
条約の締結に必要な国会の承認については、前条第二項の規定を準用する。

第六十二条【議院の国政調査権】
両議院は、各々国政に関する調査を行ひ、これに関して、証人の出頭及び証言並びに記録の提出を要求することができる。

第六十三条【国務大臣の議院出席】
内閣総理大臣その他の国務大臣は、両議院の一に議席を有すると有しないとにかかはらず、何時でも議案について発言するため議院に出席することができる。又、答弁又は説明のため出席を求められたときは、出席しなければならない。

第六十四条【弾劾裁判所】
①国会は、罷免の訴追を受けた裁判官を裁判するため、両議院の議員で組織する弾劾裁判所を設ける。
②弾劾に関する事項は、法律でこれを定める。

第五章　内閣

第六十五条【行政権と内閣】
行政権は、内閣に属する。

第六十六条【内閣の組織】
①内閣は、法律の定めるところにより、その首長たる内閣総理大臣及びその他の国務大臣でこれを組織する。
②内閣総理大臣その他の国務大臣は、文民でなければならない。
③内閣は、行政権の行使について、国会に対し連帯して責任を負ふ。

第六十七条【内閣総理大臣の指名、衆議院の優越】
①内閣総理大臣は、国会議員の中から国会の議決で、これを指名する。この指名は、他のすべての案件に先だつて、これを行ふ。

②衆議院と参議院とが異なつた指名の議決をした場合に、法律の定めるところにより、両議院の協議会を開いても意見が一致しないとき、又は衆議院が指名の議決をした後、国会休会中の期間を除いて十日以内に、参議院が、指名の議決をしないときは、衆議院の議決を国会の議決とする。

第六十八条【国務大臣の任免】

①内閣総理大臣は、国務大臣を任命する。但し、その過半数は、国会議員の中から選ばれなければならない。

②内閣総理大臣は、任意に国務大臣を罷免することができる。

第六十九条【衆議院の内閣不信任】

内閣は、衆議院で不信任の決議案を可決し、又は信任の決議案を否決したときは、十日以内に衆議院が解散されない限り、総辞職をしなければならない。

第七十条【内閣総理大臣の欠缺又は総選挙後の総辞職】

内閣総理大臣が欠けたとき、又は衆議院議員総選挙の後に初めて国会の召集があつたときは、内閣は、総辞職をしなければならない。

第七十一条【総辞職後の内閣の職務】

前二条の場合には、内閣は、新たに内閣総理大臣が任命されるまで引き続きその職務を行ふ。

第七十二条【内閣総理大臣の職務】

内閣総理大臣は、内閣を代表して議案を国会に提出し、一般国務及び外交関係について国会に報告し、並びに行政各部を指揮監督する。

第七十三条【内閣の事務】

内閣は、他の一般行政事務の外、左の事務を行ふ。

1法律を誠実に執行し、国務を総理すること。

2外交関係を処理すること。

3条約を締結すること。但し、事前に、時宜によつては事後に、国会の承認を経ることを必要とする。

4法律の定める基準に従ひ、官吏に関する事務を掌理すること。

5予算を作成して国会に提出すること。

6この憲法及び法律の規定を実施するために、政令を制定すること。但し、政令には、特にその法律の委任がある場合を除いては、罰則を設けることができない。

7大赦、特赦、減刑、刑の執行の免除及び復権を決定すること。

第七十四条【法律・政令の署名・連署】
法律及び政令には、すべて主任の国務大臣が署名し、内閣総理大臣が連署することを必要とする。

第七十五条【国務大臣の訴追】
国務大臣は、その在任中、内閣総理大臣の同意がなければ、訴追されない。但し、これがため、訴追の権利は、害されない。

第六章　司法

第七十六条【司法権、裁判所、特別裁判所の禁止、裁判官の独立】
①すべて司法権は、最高裁判所及び法律の定めるところにより設置する下級裁判所に属する。
②特別裁判所は、これを設置することができない。行政機関は、終審として裁判を行ふことができない。
③すべて裁判官は、その良心に従ひ独立してその職権を行ひ、この憲法及び法律にのみ拘束される。

第七十七条【裁判所の規則制定権】
①最高裁判所は、訴訟に関する手続、弁護士、裁判所の内部規律及び司法事務処理に関する事項について、規則を定める権限を有する。
②検察官は、最高裁判所の定める規則に従はなければならない。
③最高裁判所は、下級裁判所に関する規則を定める権限を、下級裁判所に委任することができる。

第七十八条【裁判官の身分保障】
裁判官は、裁判により、心身の故障のために職務を執ることができないと決定された場合を除いては、公の弾劾によらなければ罷免されない。裁判官の懲戒処分は、行政機関がこれを行ふことはできない。

第七十九条【最高裁判所の構成、最高裁判所の裁判官】
①最高裁判所は、その長たる裁判官及び法律の定める員数のその他の裁判官でこれを構成し、その長たる裁判官以外の裁判官は、内閣でこれを任命する。
②最高裁判所の裁判官の任命は、その任命後初めて行はれる衆議院議員総選挙の際国民の審査に付し、その後十年を経過した後初めて行はれる衆議院議員総選挙の際更に審査に付し、その後も同様とする。

③前項の場合において、投票者の多数が裁判官の罷免を可とするときは、その裁判官は、罷免される。
④審査に関する事項は、法律でこれを定める。
⑤最高裁判所の裁判官は、法律の定める年齢に達したときに退官する。
⑥最高裁判所の裁判官は、すべて定期に相当額の報酬を受ける。この報酬は、在任中、これを減額することができない。

第八十条【下級裁判所の裁判官】
①下級裁判所の裁判官は、最高裁判所の指名した者の名簿によつて、内閣でこれを任命する。その裁判官は、任期を十年とし、再任されることができる。但し、法律の定める年齢に達した時には退官する。
②下級裁判所の裁判官は、すべて定期に相当額の報酬を受ける。この報酬は、在任中、これを減額することができない。

第八十一条【法令などの合憲性審査権】
最高裁判所は、一切の法律、命令、規則又は処分が憲法に適合するかしないかを決定する権限を有する終審裁判所である。

第八十二条【裁判の公開】
①裁判の対審及び判決は、公開法廷でこれを行ふ。
②裁判所が、裁判官の全員一致で、公の秩序又は善良の風俗を害する虞があると決した場合には、対審は、公開しないでこれを行ふことができる。但し、政治犯罪、出版に関する犯罪又はこの憲法第三章で保障する国民の権利が問題となつてゐる事件の対審は、常にこれを公開しなければならない。

第七章　財政

第八十三条【財政処理の権限】
国の財政を処理する権限は、国会の議決に基いて、これを行使しなければならない。

第八十四条【課税の要件】
あらたに租税を課し、又は現行の租税を変更するには、法律又は法律の定める条件によることを必要とする。

第八十五条【国費支出と国の債務負担】
国費を支出し、又は国が債務を負担するには、国会の議決に基くことを必要とする。

第八十六条【予算の作成と国会の議決】
内閣は、毎会計年度の予算を作成し、国会に提出して、その審議を受け議決を経なければならない。

第八十七条【予備費】
①予見し難い予算の不足に充てるため、国会の議決に基いて予備費を設け、内閣の責任でこれを支出することができる。
②すべて予備費の支出については、内閣は、事後に国会の承諾を得なければならない。

第八十八条【皇室財産・皇室費用】
すべて皇室財産は、国に属する。すべて皇室の費用は、予算に計上して国会の議決を経なければならない。

第八十九条【公の財産の支出利用の制限】
公金その他の公の財産は、宗教上の組織若しくは団体の使用、便益若しくは維持のため、又は公の支配に属しない慈善、教育若しくは博愛の事業に対し、これを支出し、又はその利用に供してはならない。

第九十条【決算・会計検査院】
①国の収入支出の決算は、すべて毎年会計検査院がこれを検査し、内閣は、次の年度に、その検査報告とともに、これを国会に提出しなければならない。
②会計検査院の組織及び権限は、法律でこれを定める。

第九十一条【財政状況の報告】
内閣は、国会及び国民に対し、定期に、少くとも毎年一回、国の財政状況について報告しなければならない。

第八章　地方自治

第九十二条【地方自治の基本原則】
地方公共団体の組織及び運営に関する事項は、地方自治の本旨に基いて、法律でこれを定める。

第九十三条【地方公共団体の議会】
①地方公共団体には、法律の定めるところにより、その議事機関として議会を設置する。
②地方公共団体の長、その議会の議員及び法律の定めるその他の吏員は、その地方公共団体の住民が、直接これを選挙する。

第九十四条【地方公共団体の権能】
地方公共団体は、その財産を管理し、事務を処理し、及び行政を執行する権能を有し、法律の範囲内で条例を制定することができる。

第九十五条【特別法の住民投票】
一の地方公共団体のみに適用される特別法は、法律の定めるところにより、その地方公共団体の住民の投票においてその過半数の同意を得なければ、国会は、これを制定することができない。

第九章　改正

第九十六条【憲法改正の手続】
①この憲法の改正は、各議院の総議員の三分の二以上の賛成で、国会が、これを発議し、国民に提案してその承認を経なければならない。この承認には、特別の国民投票又は国会の定める選挙の際行はれる投票において、その過半数の賛成を必要とする。
②憲法改正について前項の承認を経たときは、天皇は、国民の名で、この憲法と一体を成すものとして、直ちにこれを公布する。

第十章　最高法規

第九十七条【基本的人権の本質】
この憲法が日本国民に保障する基本的人権は、人類の多年にわたる自由獲得の努力の成果であつて、これらの権利は、過去幾多の試練に堪へ、現在及び将来の国民に対し、侵すことのできない永久の権利として信託されたものである。

第九十八条【憲法の最高法規性、条約・国際法規の遵守】
①この憲法は、国の最高法規であつて、その条規に反する法律、命令、詔勅及び国務に関するその他の行為の全部又は一部は、その効力を有しない。
②日本国が締結した条約及び確立された国際法規は、これを誠実に遵守することを必要とする。

第九十九条【憲法尊重擁護の義務】
天皇又は摂政及び国務大臣、国会議員、裁判官その他の公務員は、この憲法を尊重し擁護する義務を負ふ。

＊第十一章補則（第百条から第百三条）は略。

『群読　日本国憲法』を演出して

秋田雨雀・土方与志記念　青年劇場〔演出家〕堀口　始

日本国憲法を群読するにあたり、条文を読み込む稽古を繰り返している過程で、日本国憲法の崇高な精神、そしてその恩恵を受けている日本人の一人としての誇りを痛感した。

私は、死傷者五六〇〇万人、六〇に及ぶ国が巻き込まれたあの世界的規模の第二次世界大戦中に少年時代を過ごした世代である。悲惨な、不幸な大戦には終止符が打たれたが、その後六〇年以上に及ぶ今日まで、世界のどこかで武力抗争が起きているのも現実である。民族間の抗争、宗教上の問題、あるいはテロ対策等々、今日、武力抗争はますます拡大している。

言うまでもなく日本国憲法第九条は、「国際平和を誠実に希求し、武力による威嚇又は武力の行使は、国際紛争を解決する手段としては、永久にこれを放棄する。陸海空軍その他の戦力は、これを保持しない」と明記している。

このＣＤを群読の教材として手にされるかもしれない、とくに若い皆さん、どうか群読、朗読の技術面に関心をもっていただくのと同時に、その奥に潜められている私たち表現者の心を聴きとっていただきたい。ＣＤ作製に参加した私たちの思いは「憲法堅持」の訴えであり、それこそが創造という仕事の根幹である。

日本は今、後方支援と称してイラクに自衛隊を派遣している（この派遣自体が憲法に違反しているのだ）が、自衛隊員は他国の人をだれ一人殺していない。戦後六〇年以上にわたり、第九条を守り通してきた、尊い成果である。

私は仕事を通じて韓国やロシアの演劇人との交流があるが、だれしもが日本人の勤勉をあげ、繁栄を称えるが、それを聞かされるたびに恥ずかしい思いがする。敗戦後の日本経済の復興は、国連軍と称して朝鮮戦争を戦ったアメリカ軍を支援した見返りにすぎない。当時の世界情勢を言い訳にして警察予備隊が設置され、やがて自衛隊という「軍隊」が誕生した。

いま、憲法が二一世紀の時代の変化に対応できなくなっているといって、「憲法改正」の声が大きくなっている。はたしてそうだろうか――。イラクをはじめ、各地で発生している武力抗争を止める手段は、日本国憲法の前文及び第九条の世界的共有でしかないのではないか――。

日本国憲法を二一世紀に燦然《さんぜん》と輝かせたいと切に思う。

なぜ今、「憲法の原文」群読なのか

〔脚本原案〕公立中学校教員　毛利　豊

日本国憲法は一九四七年五月三日施行、すでに六〇年経過したいま、その命運をめぐって国論が二分されているといっても過言ではない。

＊憲法を変えなくてはならない。
なぜなら時代が変わり、すっかり古くなってしまったから――。
＊憲法を守り活かさなくてはならない。
なぜなら今こそ光を増し、精彩を放っているから――。

実際のさまざまな場面では、もっと多様な選択肢に分かれている。
護憲に見せかけた改憲論、民主主義をさらに徹底する前方改憲論、暴力の極致＝核抑止力による「平和」論、選挙前には改憲問題に一切ふれない作戦による改憲容認論……。

いずれにしても、日本国憲法には何が書かれているか、まずは知るべきだと思う。それが国民主権の国の現代に幸運にも生まれた者として、最低限の義務である。（本当は、成立に至る経緯、盛り込まれている精神、参考にされた文献や内外の思想、現代の世界各国の憲法への影響力なども知った方が良いのだが……。）

わが日本国憲法は、「諸国民の平和に生きる」二十一世紀的権利を、世界で初めて高らかに謳《うた》った、現代と未来を照らす巨大なたいまつである。それは、アジアと世界への過去の誓いであるばかりではなく、未来と未来そのものである子どもたちへの遺産である。政治と経済を動かす原理であると同時に、人類の人権思想の到達点として人々の内面をも照らす指標である。それらも見てとることができるだろう。

一人でその日本国憲法の原文を黙読するのも悪くはない。しかし法律の条文は日常語とは違い、スッとは読めない。歯ごたえがあり、一語一語に含意がある。

できれば何人かでいっしょに協力し、励まし合って読みたい。そのために「群読」という方法がある。一つの文章を複数人で、声に出して読むのである。すると文字に凝固された思想が、鮮やかに、薫り高く立ち上がってくる。

今回、憲法をいま一度、国民の「権利の章典」としてとらえ返して、国民として知っておくべき条文の原文を「群読脚本」にしてみた。読者のみなさんが声に出して読んでくだされば、「大勢で唱えれば、願いはかなう」という言霊《ことだま》信仰のセオリー通り、最も高邁《こうまい》で最も現実的な思想が、にわかに実現を求めて蠕動《ぜんどう》し出すことだろう。

この群読脚本も、劇団・青年劇場による群読朗誦も、読み方の一例にすぎない。これらを参考にして、自分たちでどこを強調すべきかを話し合い、独自な脚本にして自由に読み合っていただきたい。それを通してメンバーの協力と条文の理解はいっそう深まると信じる。そのために日本国憲法の全文も併せて収めた。あるいはｗｅｂサイトから原文を探し、それを加工するのも簡便な方法である（ただし、ところどころに誤植や挿入などがあるので注意）。

そのような、読者のみなさんの「私たちの憲法群読づくり」によって、〈読解〉と〈つながり〉と〈平和〉とを統一的に追求していただけるならば、脚本原案者としてこれにまさる喜びはない。

最後に、監修の労を執ってくださった憲法学者の高良鉄美教授からは、法理論上および現代政治上からの重要なご指摘をいただいたこと、青年劇場のみなさんには、洗練された演出と熟練された声で脚本に命を吹き込んでいただいたこと、それらに深く感謝いたします。

群読　日本国憲法—国民の"権利の章典"としてとらえ返す

【ＣＤ出演者】

秋田雨雀・土方与志記念　**青年劇場**

日本新劇界のパイオニア秋田雨雀、土方与志に戦後学んだ俳優、演出家を中心に1964年に創立された劇団。
ダイナミックなアンサンブルで、現代日本のさまざまな問題に迫る創作劇の創造を特徴としている。また、シェイクスピアやチェーホフをはじめとする海外の作品の上演、国際交流と海外公演、高校・中学校などでの青少年劇場公演、さらには併設しているスタジオ結（ＹＵＩ）での実験的な小劇場公演など、多彩な公演活動をすすめている。
年間公演数は200ステージ以上、在籍劇団員115名を数える。

〒160-0022　東京都新宿区新宿2—9—20　問川ビル4Ｆ
TEL03-3352-7054　　FAX03-3352-9418
ホームページ　http://www.seinengekijo.co.jp
Eメール　info@seinengekijo.co.jp

＊出　演

葛西　和雄　　広戸　聡
吉村　直　　船津　基
昆野　美和子　　高安　美子
泉川　真理　　福原　美佳

＊録音・編集

菊池　弘二　　石井　隆
前田　有希子

＊音　楽

澤野　郁文

高良鉄美（たから・てつみ）
本書監修者。1954年生まれ。琉球大学法科大学院教授。専攻は憲法学。全国憲法研究会会員。著書『沖縄から見た平和憲法——万人が主役』（未来社）。論文「沖縄が求める平和的生存権」ほか多数。

毛利　豊（もうり・ゆたか）
本書群読脚本原案者。1956年生まれ。公立中学校教員。国語科・社会科を担当。長年、平和・歴史・古典・群読などの教育に力を注いでいる。共著書に『いつでもどこでも群読』（高文研）などがある。

堀口　始（ほりぐち・はじめ）
本書ＣＤ演出者。1931年生まれ。青年劇場演出家。主な演出作品に「かげの砦」「おちこぼれ行進曲」「すみれさんが行く」「17才のオルゴール」「銃口—教師・北森竜太の青春」などがある。

【ＣＤブック】群読 日本国憲法

●2007年５月３日————————第１刷発行

執　筆　者／高良 鉄美・毛利 豊・堀口 始

発　行　所／株式会社 高 文 研
東京都千代田区猿楽町２－１－８（〒101-0064）
☎03-3295-3415　振替口座／00160-6-18956
ホームページ　http://www.koubunken.co.jp

組版／ＷｅｂＤ（ウェブ・ディー）
印刷・製本／三省堂印刷株式会社

ISBN978－4－87498－382－9　C0037